TRANZLATY

Sprache ist für alle da

La Langue est pour tout le Monde

Die Schöne und das Biest

La Belle et la Bête

Gabrielle-Suzanne Barbot de Villeneuve

Deutsch / Français

Copyright © 2025 Tranzlaty
All rights reserved
Published by Tranzlaty
ISBN: 978-1-80572-009-6
Original text by Gabrielle-Suzanne Barbot de Villeneuve
La Belle et la Bête
First published in French in 1740
Taken from The Blue Fairy Book (Andrew Lang)
Illustration by Walter Crane
www.tranzlaty.com

Es war einmal ein reicher Kaufmann
Il était une fois un riche marchand
dieser reiche Kaufmann hatte sechs Kinder
ce riche marchand avait six enfants
Er hatte drei Söhne und drei Töchter
il avait trois fils et trois filles
Er hat keine Kosten für ihre Ausbildung gescheut
il n'a épargné aucun coût pour leur éducation
weil er ein vernünftiger Mann war
parce qu'il était un homme sensé
aber er gab seinen Kindern viele Diener
mais il a donné à ses enfants de nombreux serviteurs
seine Töchter waren überaus hübsch
ses filles étaient extrêmement jolies
und seine jüngste Tochter war besonders hübsch
et sa plus jeune fille était particulièrement jolie
Schon als Kind wurde ihre Schönheit bewundert
Déjà enfant, sa beauté était admirée
und die Leute nannten sie nach ihrer Schönheit
et les gens l'appelaient à cause de sa beauté
Ihre Schönheit verblasste nicht, als sie älter wurde
sa beauté ne s'est pas estompée avec l'âge
Deshalb nannten die Leute sie weiterhin wegen ihrer Schönheit
alors les gens ont continué à l'appeler par sa beauté
das machte ihre Schwestern sehr eifersüchtig
cela a rendu ses sœurs très jalouses
Die beiden ältesten Töchter waren sehr stolz
les deux filles aînées avaient beaucoup de fierté
Ihr Reichtum war die Quelle ihres Stolzes
leur richesse était la source de leur fierté
und sie verbargen ihren Stolz nicht
et ils n'ont pas caché leur fierté non plus
Sie besuchten nicht die Töchter anderer Kaufleute
ils n'ont pas rendu visite aux filles d'autres marchands
weil sie nur mit Aristokraten zusammentreffen

parce qu'ils ne rencontrent que l'aristocratie
Sie gingen jeden Tag zu Partys
ils sortaient tous les jours pour faire la fête
Bälle, Theaterstücke, Konzerte usw.
bals, pièces de théâtre, concerts, etc.
und sie lachten über ihre jüngste Schwester
et ils se moquèrent de leur plus jeune sœur
weil sie die meiste Zeit mit Lesen verbrachte
parce qu'elle passait la plupart de son temps à lire
Es war allgemein bekannt, dass sie reich waren
il était bien connu qu'ils étaient riches
so hielten mehrere bedeutende Kaufleute um ihre Hand an
alors plusieurs marchands éminents ont demandé leur main
aber sie sagten, sie würden nicht heiraten
mais ils ont dit qu'ils n'allaient pas se marier
aber sie waren bereit, einige Ausnahmen zu machen
mais ils étaient prêts à faire quelques exceptions
„Vielleicht könnte ich einen Herzog heiraten"
« Peut-être que je pourrais épouser un duc »
„Ich schätze, ich könnte einen Grafen heiraten"
« Je suppose que je pourrais épouser un comte »
Schönheit dankte sehr höflich denen, die ihr einen Antrag gemacht hatten
la beauté a remercié très civilement ceux qui lui ont proposé
Sie sagte ihnen, sie sei noch zu jung zum Heiraten
elle leur a dit qu'elle était encore trop jeune pour se marier
Sie wollte noch ein paar Jahre bei ihrem Vater bleiben
elle voulait rester quelques années de plus avec son père
Auf einmal verlor der Kaufmann sein Vermögen
Tout d'un coup, le marchand a perdu sa fortune
er verlor alles außer einem kleinen Landhaus
il a tout perdu sauf une petite maison de campagne
und er sagte seinen Kindern mit Tränen in den Augen:
et il dit à ses enfants, les larmes aux yeux :
„Wir müssen aufs Land gehen"
« il faut aller à la campagne »

„und wir müssen für unseren Lebensunterhalt arbeiten"
« et nous devons travailler pour gagner notre vie »
die beiden ältesten Töchter wollten die Stadt nicht verlassen
les deux filles aînées ne voulaient pas quitter la ville
Sie hatten mehrere Liebhaber in der Stadt
ils avaient plusieurs amants dans la ville
und sie waren sicher, dass einer ihrer Liebhaber sie heiraten würde
et ils étaient sûrs que l'un de leurs amants les épouserait
Sie dachten, ihre Liebhaber würden sie heiraten, auch wenn sie kein Vermögen hätten
ils pensaient que leurs amants les épouseraient même sans fortune
aber die guten Damen haben sich geirrt
mais les bonnes dames se sont trompées
Ihre Liebhaber verließen sie sehr schnell
leurs amants les ont abandonnés très vite
weil sie kein Vermögen mehr hatten
parce qu'ils n'avaient plus de fortune
das zeigte, dass sie nicht wirklich beliebt waren
cela a montré qu'ils n'étaient pas vraiment appréciés
alle sagten, sie verdienen kein Mitleid
tout le monde a dit qu'ils ne méritaient pas d'être plaints
„Wir sind froh, dass ihr Stolz gedemütigt wurde"
« Nous sommes heureux de voir leur fierté humiliée »
„Lasst sie stolz darauf sein, Kühe zu melken"
« Qu'ils soient fiers de traire les vaches »
aber sie waren um Schönheit besorgt
mais ils étaient préoccupés par la beauté
sie war so ein süßes Geschöpf
elle était une créature si douce
Sie sprach so freundlich zu armen Leuten
elle parlait si gentiment aux pauvres
und sie war von solch unschuldiger Natur
et elle était d'une nature si innocente
Mehrere Herren hätten sie geheiratet

Plusieurs messieurs l'auraient épousée
Sie hätten sie geheiratet, obwohl sie arm war
ils l'auraient épousée même si elle était pauvre
aber sie sagte ihnen, sie könne sie nicht heiraten
mais elle leur a dit qu'elle ne pouvait pas les épouser
weil sie ihren Vater nicht verlassen wollte
parce qu'elle ne voulait pas quitter son père
sie war entschlossen, mit ihm aufs Land zu fahren
elle était déterminée à l'accompagner à la campagne
damit sie ihn trösten und ihm helfen konnte
afin qu'elle puisse le réconforter et l'aider
Die arme Schönheit war zunächst sehr betrübt
La pauvre beauté était très affligée au début
sie war betrübt über den Verlust ihres Vermögens
elle était attristée par la perte de sa fortune
„Aber Weinen wird mein Schicksal nicht ändern"
"Mais pleurer ne changera pas mon destin"
„Ich muss versuchen, ohne Reichtum glücklich zu sein"
« Je dois essayer de me rendre heureux sans richesse »
Sie kamen zu ihrem Landhaus
ils sont venus dans leur maison de campagne
und der Kaufmann und seine drei Söhne widmeten sich der Landwirtschaft
et le marchand et ses trois fils s'appliquèrent à l'agriculture
Schönheit stand um vier Uhr morgens auf
la beauté s'est levée à quatre heures du matin
und sie beeilte sich, das Haus zu putzen
et elle s'est dépêchée de nettoyer la maison
und sie sorgte dafür, dass das Abendessen fertig war
et elle s'est assurée que le dîner était prêt
ihr neues Leben fiel ihr zunächst sehr schwer
au début, elle a trouvé sa nouvelle vie très difficile
weil sie diese Arbeit nicht gewohnt war
parce qu'elle n'était pas habituée à un tel travail
aber in weniger als zwei Monaten wurde sie stärker
mais en moins de deux mois elle est devenue plus forte

und sie war gesünder als je zuvor
et elle était en meilleure santé que jamais auparavant
nachdem sie ihre arbeit erledigt hatte, las sie
après avoir fait son travail, elle a lu
sie spielte Cembalo
elle jouait du clavecin
oder sie sang, während sie Seide spann
ou elle chantait en filant de la soie
im Gegenteil, ihre beiden Schwestern wussten nicht, wie sie ihre Zeit verbringen sollten
au contraire, ses deux sœurs ne savaient pas comment passer leur temps
Sie standen um zehn auf und taten den ganzen Tag nichts anderes als herumzufaulenzen
ils se sont levés à dix heures et n'ont rien fait d'autre que paresser toute la journée
Sie beklagten den Verlust ihrer schönen Kleider
ils ont déploré la perte de leurs beaux vêtements
und sie beklagten sich über den Verlust ihrer Bekannten
et ils se sont plaints d'avoir perdu leurs connaissances
„Schau dir unsere jüngste Schwester an", sagten sie zueinander
« Regardez notre plus jeune sœur », se dirent-ils.
„Was für ein armes und dummes Geschöpf sie ist"
"Quelle pauvre et stupide créature elle est"
„Es ist gemein, mit so wenig zufrieden zu sein"
"C'est mesquin de se contenter de si peu"
der freundliche Kaufmann war ganz anderer Meinung
le gentil marchand était d'un avis tout à fait différent
er wusste sehr wohl, dass Schönheit ihre Schwestern übertraf
il savait très bien que la beauté éclipsait ses sœurs
Sie übertraf sie sowohl charakterlich als auch geistig
elle les a surpassés en caractère ainsi qu'en esprit
er bewunderte ihre Bescheidenheit und ihre harte Arbeit
il admirait son humilité et son travail acharné

aber am meisten bewunderte er ihre Geduld
mais il admirait surtout sa patience
Ihre Schwestern überließen ihr die ganze Arbeit
ses sœurs lui ont laissé tout le travail à faire
und sie beleidigten sie ständig
et ils l'insultaient à chaque instant
Die Familie hatte etwa ein Jahr lang so gelebt
La famille vivait ainsi depuis environ un an.
dann bekam der Kaufmann einen Brief von einem Buchhalter
puis le commerçant a reçu une lettre d'un comptable
er hatte in ein Schiff investiert
il avait un investissement dans un navire
und das Schiff war sicher angekommen
et le navire était arrivé sain et sauf
diese Nachricht ließ die beiden ältesten Töchter staunen
Cette nouvelle a fait tourner les têtes des deux filles aînées
Sie hatten sofort die Hoffnung, in die Stadt zurückzukehren
ils ont immédiatement eu l'espoir de revenir en ville
weil sie des Landlebens überdrüssig waren
parce qu'ils étaient assez fatigués de la vie à la campagne
Sie gingen zu ihrem Vater, als er ging
ils sont allés vers leur père alors qu'il partait
Sie baten ihn, ihnen neue Kleider zu kaufen
ils l'ont supplié de leur acheter de nouveaux vêtements
Kleider, Bänder und allerlei Kleinigkeiten
des robes, des rubans et toutes sortes de petites choses
aber die Schönheit verlangte nichts
mais la beauté n'a rien demandé
weil sie dachte, das Geld würde nicht reichen
parce qu'elle pensait que l'argent ne serait pas suffisant
es würde nicht reichen, um alles zu kaufen, was ihre Schwestern wollten
il n'y aurait pas assez pour acheter tout ce que ses sœurs voulaient
„Was möchtest du, Schönheit?", fragte ihr Vater

"Que veux-tu, ma belle ?" demanda son père
**"Danke, Vater, dass du so nett bist, an mich zu denken",
sagte sie**
« Merci, père, pour la bonté de penser à moi », dit-elle
„Vater, sei so freundlich und bring mir eine Rose mit"
« Père, ayez la gentillesse de m'apporter une rose »
„weil hier im Garten keine Rosen wachsen"
"parce qu'aucune rose ne pousse ici dans le jardin"
„und Rosen sind eine Art Rarität"
"et les roses sont une sorte de rareté"
Schönheit mochte Rosen nicht wirklich
La beauté ne se souciait pas vraiment des roses
sie bat nur um etwas, um ihre Schwestern nicht zu verurteilen
elle a juste demandé quelque chose pour ne pas condamner ses sœurs
aber ihre Schwestern dachten, sie hätte aus anderen Gründen nach Rosen gefragt
mais ses sœurs pensaient qu'elle avait demandé des roses pour d'autres raisons
„Sie hat es nur getan, um besonders auszusehen"
"Elle l'a fait juste pour avoir l'air particulière"
Der freundliche Mann machte sich auf die Reise
L'homme gentil est parti en voyage
aber als er ankam, stritten sie über die Ware
mais quand il est arrivé, ils se sont disputés à propos de la marchandise
und nach viel Ärger kam er genauso arm zurück wie zuvor
et après beaucoup d'ennuis, il est revenu aussi pauvre qu'avant
er war nur ein paar Stunden von seinem eigenen Haus entfernt
il était à quelques heures de sa propre maison
und er stellte sich schon die Freude vor, seine Kinder zu sehen
et il imaginait déjà la joie de revoir ses enfants

aber als er durch den Wald ging, verirrte er sich
mais en traversant la forêt, il s'est perdu
es hat furchtbar geregnet und geschneit
il a plu et neigé terriblement
der Wind war so stark, dass er ihn vom Pferd warf
le vent était si fort qu'il l'a fait tomber de son cheval
und die Nacht kam schnell
et la nuit arrivait rapidement
er begann zu glauben, er müsse verhungern
il a commencé à penser qu'il pourrait mourir de faim
und er dachte, er könnte erfrieren
et il pensait qu'il pourrait mourir de froid
und er dachte, Wölfe könnten ihn fressen
et il pensait que les loups pourraient le manger
die Wölfe, die er um sich herum heulen hörte
les loups qu'il entendait hurler tout autour de lui
aber plötzlich sah er ein Licht
mais tout à coup il a vu une lumière
er sah das Licht in der Ferne durch die Bäume
il a vu la lumière au loin à travers les arbres
als er näher kam, sah er, dass das Licht ein Palast war
quand il s'est approché, il a vu que la lumière était un palais
der Palast war von oben bis unten beleuchtet
le palais était illuminé de haut en bas
Der Kaufmann dankte Gott für sein Glück
le marchand a remercié Dieu pour sa chance
und er eilte zum Palast
et il se précipita vers le palais
aber er war überrascht, keine Leute im Palast zu sehen
mais il fut surpris de ne voir personne dans le palais
der Hof war völlig leer
la cour était complètement vide
und nirgendwo ein Lebenszeichen
et il n'y avait aucun signe de vie nulle part
sein Pferd folgte ihm in den Palast
son cheval le suivit dans le palais

und dann fand sein Pferd großen Stall
et puis son cheval a trouvé une grande écurie
das arme Tier war fast verhungert
le pauvre animal était presque affamé
also ging sein Pferd hinein, um Heu und Hafer zu finden
alors son cheval est allé chercher du foin et de l'avoine
zum Glück fand er reichlich zu essen
Heureusement, il a trouvé beaucoup à manger
und der Kaufmann band sein Pferd an die Krippe
et le marchand attacha son cheval à la mangeoire
Als er zum Haus ging, sah er niemanden
En marchant vers la maison, il n'a vu personne
aber in einer großen Halle fand er ein gutes Feuer
mais dans une grande salle il trouva un bon feu
und er fand einen Tisch für eine Person gedeckt
et il a trouvé une table dressée pour une personne
er war nass vom Regen und Schnee
il était mouillé par la pluie et la neige
Also ging er zum Feuer, um sich abzutrocknen
alors il s'est approché du feu pour se sécher
„Ich hoffe, der Hausherr entschuldigt mich"
« J'espère que le maître de maison m'excusera »
„Ich schätze, es wird nicht lange dauern, bis jemand auftaucht."
« Je suppose qu'il ne faudra pas longtemps pour que quelqu'un apparaisse »
Er wartete eine beträchtliche Zeit
Il a attendu un temps considérable
er wartete, bis es elf schlug, und noch immer kam niemand
il a attendu jusqu'à ce que onze heures sonnent, et toujours personne n'est venu
Schließlich war er so hungrig, dass er nicht länger warten konnte
enfin, il avait tellement faim qu'il ne pouvait plus attendre
er nahm ein Hühnchen und aß es in zwei Bissen
il a pris du poulet et l'a mangé en deux bouchées

er zitterte beim Essen
il tremblait en mangeant la nourriture
danach trank er ein paar Gläser Wein
après cela, il a bu quelques verres de vin
Er wurde mutiger und verließ den Saal
devenant plus courageux, il sortit du hall
und er durchquerte mehrere große Hallen
et il traversa plusieurs grandes salles
Er ging durch den Palast, bis er in eine Kammer kam
il a traversé le palais jusqu'à ce qu'il arrive dans une chambre
eine Kammer, in der sich ein überaus gutes Bett befand
une chambre qui contenait un très bon lit
er war von der Tortur sehr erschöpft
il était très fatigué par son épreuve
und es war schon nach Mitternacht
et il était déjà minuit passé
also beschloss er, dass es das Beste sei, die Tür zu schließen
alors il a décidé qu'il était préférable de fermer la porte
und er beschloss, dass er zu Bett gehen sollte
et il a conclu qu'il devrait aller se coucher
Es war zehn Uhr morgens, als der Kaufmann aufwachte
Il était dix heures du matin lorsque le marchand s'est réveillé
gerade als er aufstehen wollte, sah er etwas
au moment où il allait se lever, il vit quelque chose
er war erstaunt, saubere Kleidung zu sehen
il a été étonné de voir un ensemble de vêtements propres
an der Stelle, wo er seine schmutzigen Kleider zurückgelassen hatte
à l'endroit où il avait laissé ses vêtements sales
"Mit Sicherheit gehört dieser Palast einer netten Fee"
"ce palais appartient certainement à une sorte de fée"
„eine Fee, die mich gesehen und bemitleidet hat"
" une fée qui m'a vu et qui a eu pitié de moi"
er sah durch ein Fenster
il a regardé à travers une fenêtre
aber statt Schnee sah er den herrlichsten Garten

mais au lieu de neige, il vit le jardin le plus charmant
und im Garten waren die schönsten Rosen
et dans le jardin il y avait les plus belles roses
dann kehrte er in die große Halle zurück
il est ensuite retourné dans la grande salle
der Saal, in dem er am Abend zuvor Suppe gegessen hatte
la salle où il avait mangé de la soupe la veille
und er fand etwas Schokolade auf einem kleinen Tisch
et il a trouvé du chocolat sur une petite table.
„Danke, liebe Frau Fee", sagte er laut
« Merci, bonne Madame la Fée », dit-il à voix haute.
„Danke für Ihre Fürsorge"
"Merci d'être si attentionné"
„Ich bin Ihnen für all Ihre Gefälligkeiten äußerst dankbar"
« Je vous suis extrêmement reconnaissant pour toutes vos faveurs »
Der freundliche Mann trank seine Schokolade
l'homme gentil a bu son chocolat
und dann ging er sein Pferd suchen
et puis il est allé chercher son cheval
aber im Garten erinnerte er sich an die Bitte der Schönheit
mais dans le jardin il se souvint de la demande de la belle
und er schnitt einen Rosenzweig ab
et il coupa une branche de roses
sofort hörte er ein lautes Geräusch
immédiatement il entendit un grand bruit
und er sah ein furchtbar furchtbares Tier
et il vit une bête terriblement effrayante
er war so erschrocken, dass er kurz davor war, ohnmächtig zu werden
il était tellement effrayé qu'il était sur le point de s'évanouir
„Du bist sehr undankbar", sagte das Tier zu ihm
« Tu es bien ingrat », lui dit la bête.
und das Tier sprach mit schrecklicher Stimme
et la bête parla d'une voix terrible
„Ich habe dein Leben gerettet, indem ich dich in mein

Schloss gelassen habe"
« Je t'ai sauvé la vie en te laissant entrer dans mon château »
"und dafür stiehlst du mir im Gegenzug meine Rosen?"
"et pour ça tu me voles mes roses en retour ?"
„Die Rosen sind für mich mehr wert als alles andere"
« Les roses que j'apprécie plus que tout »
„Aber du wirst für das, was du getan hast, sterben"
"mais tu mourras pour ce que tu as fait"
„Ich gebe Ihnen nur eine Viertelstunde, um sich vorzubereiten"
« Je ne vous donne qu'un quart d'heure pour vous préparer »
„Bereiten Sie sich auf den Tod vor und sprechen Sie Ihre Gebete"
« Préparez-vous à la mort et dites vos prières »
der Kaufmann fiel auf die Knie
le marchand tomba à genoux
und er hob beide Hände
et il leva ses deux mains
„Mein Herr, ich flehe Sie an, mir zu vergeben"
« Monseigneur, je vous supplie de me pardonner »
„Ich hatte nicht die Absicht, Sie zu beleidigen"
« Je n'avais aucune intention de t'offenser »
„Ich habe für eine meiner Töchter eine Rose gepflückt"
« J'ai cueilli une rose pour une de mes filles »
„Sie bat mich, ihr eine Rose mitzubringen"
"elle m'a demandé de lui apporter une rose"
„Ich bin nicht euer Herr, sondern ein Tier", antwortete das Monster
« Je ne suis pas ton seigneur, mais je suis une bête », répondit le monstre
„Ich mag keine Komplimente"
« Je n'aime pas les compliments »
„Ich mag Menschen, die so sprechen, wie sie denken"
« J'aime les gens qui parlent comme ils pensent »
„glauben Sie nicht, dass ich durch Schmeicheleien bewegt werden kann"

« N'imaginez pas que je puisse être ému par la flatterie »
„Aber Sie sagen, Sie haben Töchter"
« Mais tu dis que tu as des filles »
„Ich werde dir unter einer Bedingung vergeben"
"Je te pardonnerai à une condition"
„Eine deiner Töchter muss freiwillig in meinen Palast kommen"
« L'une de vos filles doit venir volontairement à mon palais »
"und sie muss für dich leiden"
"et elle doit souffrir pour toi"
„Gib mir Dein Wort"
« Donne-moi ta parole »
„Und dann können Sie Ihren Geschäften nachgehen"
"et ensuite tu pourras vaquer à tes occupations"
„Versprich mir das:"
« Promets-moi ceci : »
„Wenn Ihre Tochter sich weigert, für Sie zu sterben, müssen Sie innerhalb von drei Monaten zurückkehren"
"Si votre fille refuse de mourir pour vous, vous devez revenir dans les trois mois"
der Kaufmann hatte nicht die Absicht, seine Töchter zu opfern
le marchand n'avait aucune intention de sacrifier ses filles
aber da ihm Zeit gegeben wurde, wollte er seine Töchter noch einmal sehen
mais, comme on lui en donnait le temps, il voulait revoir ses filles une fois de plus
also versprach er, dass er zurückkehren würde
alors il a promis qu'il reviendrait
und das Tier sagte ihm, er könne aufbrechen, wann er wolle
et la bête lui dit qu'il pouvait partir quand il le voudrait
und das Tier erzählte ihm noch etwas
et la bête lui dit encore une chose
„Du sollst nicht mit leeren Händen gehen"
« Tu ne partiras pas les mains vides »
„Geh zurück in das Zimmer, in dem du lagst"

« retourne dans la pièce où tu étais allongé »
„Sie werden eine große leere Schatzkiste sehen"
« vous verrez un grand coffre au trésor vide »
„Fülle die Schatzkiste mit allem, was Dir am besten gefällt"
« Remplissez le coffre aux trésors avec ce que vous préférez »
„und ich werde die Schatzkiste zu Dir nach Hause schicken"
"et j'enverrai le coffre au trésor chez toi"
und gleichzeitig zog sich das Tier zurück
et en même temps la bête s'est retirée
„Nun", sagte sich der gute Mann
« Eh bien, » se dit le bon homme
„Wenn ich sterben muss, werde ich meinen Kindern wenigstens etwas hinterlassen"
« Si je dois mourir, je laisserai au moins quelque chose à mes enfants »
so kehrte er ins Schlafzimmer zurück
alors il retourna dans la chambre à coucher
und er fand sehr viele Goldstücke
et il a trouvé une grande quantité de pièces d'or
er füllte die Schatzkiste, die das Tier erwähnt hatte
il a rempli le coffre au trésor que la bête avait mentionné
und er holte sein Pferd aus dem Stall
et il sortit son cheval de l'écurie
die Freude, die er beim Betreten des Palastes empfand, war nun genauso groß wie die Trauer, die er beim Verlassen des Palastes empfand
la joie qu'il ressentait en entrant dans le palais était désormais égale à la douleur qu'il ressentait en le quittant
Das Pferd nahm einen der Wege im Wald
le cheval a pris un des chemins de la forêt
und in wenigen Stunden war der gute Mann zu Hause
et quelques heures plus tard, le bon homme était à la maison
seine Kinder kamen zu ihm
ses enfants sont venus à lui
aber anstatt ihre Umarmungen mit Freude entgegenzunehmen, sah er sie an

mais au lieu de recevoir leurs étreintes avec plaisir, il les regardait
er hielt den Ast hoch, den er in den Händen hielt
il brandit la branche qu'il tenait dans ses mains
und dann brach er in Tränen aus
et puis il a fondu en larmes
„Schönheit", sagte er, „nimm bitte diese Rosen"
« Belle », dit-il, « s'il te plaît, prends ces roses »
„Sie können nicht wissen, wie teuer diese Rosen waren"
"Vous ne pouvez pas savoir à quel point ces roses ont été chères"
„Diese Rosen haben deinen Vater das Leben gekostet"
"Ces roses ont coûté la vie à ton père"
und dann erzählte er von seinem tödlichen Abenteuer
et puis il raconta sa fatale aventure
Sofort schrien die beiden ältesten Schwestern
immédiatement les deux sœurs aînées crièrent
und sie sagten viele gemeine Dinge zu ihrer schönen Schwester
et ils ont dit beaucoup de choses méchantes à leur belle sœur
aber die Schönheit weinte überhaupt nicht
mais la beauté n'a pas pleuré du tout
„Seht euch den Stolz dieses kleinen Schurken an", sagten sie
« Regardez l'orgueil de ce petit misérable », dirent-ils.
„Sie hat nicht nach schönen Kleidern gefragt"
"elle n'a pas demandé de beaux vêtements"
„Sie hätte tun sollen, was wir getan haben"
"Elle aurait dû faire ce que nous avons fait"
„Sie wollte sich hervortun"
"elle voulait se distinguer"
„so wird sie nun den Tod unseres Vaters bedeuten"
"alors maintenant elle sera la mort de notre père"
„und doch vergießt sie keine Träne"
"et pourtant elle ne verse pas une larme"
"Warum sollte ich weinen?", antwortete die Schönheit

"Pourquoi devrais-je pleurer ?" répondit la beauté
„Weinen wäre völlig unnötig"
« pleurer serait très inutile »
„Mein Vater wird nicht für mich leiden"
« Mon père ne souffrira pas pour moi »
„Das Monster wird eine seiner Töchter akzeptieren"
"le monstre acceptera une de ses filles"
„Ich werde mich seiner ganzen Wut aussetzen"
« Je m'offrirai à toute sa fureur »
„Ich bin sehr glücklich, denn mein Tod wird das Leben meines Vaters retten"
« Je suis très heureux, car ma mort sauvera la vie de mon père »
„Mein Tod wird ein Beweis meiner Liebe sein"
"ma mort sera une preuve de mon amour"
„Nein, Schwester", sagten ihre drei Brüder
« Non, ma sœur », dirent ses trois frères
„das darf nicht sein"
"cela ne sera pas"
„Wir werden das Monster finden"
"nous allons chercher le monstre"
"und entweder wir werden ihn töten..."
"et soit on le tue..."
„... oder wir werden bei dem Versuch umkommen"
« ... ou nous périrons dans cette tentative »
„Stellt euch nichts dergleichen vor, meine Söhne", sagte der Kaufmann
« N'imaginez rien de tel, mes fils », dit le marchand.
„Die Kraft des Biests ist so groß, dass ich keine Hoffnung habe, dass Ihr es besiegen könntet."
"La puissance de la bête est si grande que je n'ai aucun espoir que tu puisses la vaincre"
„Ich bin entzückt von dem freundlichen und großzügigen Angebot der Schönheit"
« Je suis charmé par l'offre aimable et généreuse de la beauté »
„aber ich kann ihre Großzügigkeit nicht annehmen"

"mais je ne peux pas accepter sa générosité"
„Ich bin alt und habe nicht mehr lange zu leben"
« Je suis vieux et je n'ai plus beaucoup de temps à vivre »
„also kann ich nur ein paar Jahre verlieren"
"Je ne peux donc perdre que quelques années"
„Zeit, die ich für euch bereue, meine lieben Kinder"
"un temps que je regrette pour vous, mes chers enfants"
„Aber Vater", sagte die Schönheit
« Mais père », dit la belle
„Du sollst nicht ohne mich in den Palast gehen"
"tu n'iras pas au palais sans moi"
„Du kannst mich nicht davon abhalten, dir zu folgen"
"tu ne peux pas m'empêcher de te suivre"
nichts könnte Schönheit vom Gegenteil überzeugen
rien ne pourrait convaincre la beauté autrement
Sie bestand darauf, in den schönen Palast zu gehen
elle a insisté pour aller au beau palais
und ihre Schwestern waren erfreut über ihre Beharrlichkeit
et ses sœurs étaient ravies de son insistance
Der Kaufmann war besorgt bei dem Gedanken, seine Tochter zu verlieren
Le marchand était inquiet à l'idée de perdre sa fille
er war so besorgt, dass er die Truhe voller Gold vergessen hatte
il était tellement inquiet qu'il avait oublié le coffre rempli d'or
Abends begab er sich zur Ruhe und schloss die Tür seines Zimmers.
la nuit, il se retirait pour se reposer et fermait la porte de sa chambre
Dann fand er zu seinem großen Erstaunen den Schatz neben seinem Bett.
puis, à sa grande surprise, il trouva le trésor à côté de son lit
er war entschlossen, es seinen Kindern nicht zu erzählen
il était déterminé à ne rien dire à ses enfants
Wenn sie es gewusst hätten, wären sie in die Stadt zurückgekehrt

s'ils savaient, ils auraient voulu retourner en ville
und er war entschlossen, das Land nicht zu verlassen
et il était résolu à ne pas quitter la campagne
aber er vertraute der Schönheit das Geheimnis
mais il confia le secret à la beauté
Sie teilte ihm mit, dass zwei Herren gekommen seien
elle l'informa que deux messieurs étaient venus
und sie machten ihren Schwestern einen Heiratsantrag
et ils ont fait des propositions à ses sœurs
Sie bat ihren Vater, ihrer Heirat zuzustimmen
elle a supplié son père de consentir à leur mariage
und sie bat ihn, ihnen etwas von seinem Vermögen zu geben
et elle lui a demandé de leur donner une partie de sa fortune
sie hatte ihnen bereits vergeben
elle leur avait déjà pardonné
Die bösen Kreaturen rieben ihre Augen mit Zwiebeln
les méchantes créatures se frottaient les yeux avec des oignons
um beim Abschied von der Schwester ein paar Tränen zu vergießen
pour forcer quelques larmes quand ils se sont séparés de leur sœur
aber ihre Brüder waren wirklich besorgt
mais ses frères étaient vraiment inquiets
Schönheit war die einzige, die keine Tränen vergoss
La beauté était la seule à ne pas verser de larmes
sie wollte ihr Unbehagen nicht vergrößern
elle ne voulait pas augmenter leur malaise
Das Pferd nahm den direkten Weg zum Palast
le cheval a pris la route directe vers le palais
und gegen Abend sahen sie den erleuchteten Palast
et vers le soir ils virent le palais illuminé
das Pferd begab sich wieder in den Stall
le cheval est rentré à l'écurie
und der gute Mann und seine Tochter gingen in die große Halle

et le bon homme et sa fille entrèrent dans la grande salle
hier fanden sie einen herrlich gedeckten Tisch
ici ils ont trouvé une table magnifiquement dressée
der Kaufmann hatte keinen Appetit zu essen
le marchand n'avait pas d'appétit pour manger
aber die Schönheit bemühte sich, fröhlich zu erscheinen
mais la beauté s'efforçait de paraître joyeuse
sie setzte sich an den Tisch und half ihrem Vater
elle s'est assise à table et a aidé son père
aber sie dachte auch bei sich:
mais elle pensait aussi :
„Das Biest will mich sicher mästen, bevor es mich frisst"
"La bête veut sûrement m'engraisser avant de me manger"
„deshalb sorgt er für so viel Unterhaltung"
"c'est pourquoi il offre autant de divertissement"
Nachdem sie gegessen hatten, hörten sie ein großes Geräusch
après avoir mangé, ils entendirent un grand bruit
und der Kaufmann verabschiedete sich mit Tränen in den Augen von seinem unglücklichen Kind
et le marchand fit ses adieux à son malheureux enfant, les larmes aux yeux
weil er wusste, dass das Biest kommen würde
parce qu'il savait que la bête allait venir
Die Schönheit war entsetzt über seine schreckliche Gestalt
la beauté était terrifiée par sa forme horrible
aber sie nahm ihren Mut zusammen, so gut sie konnte
mais elle a pris courage du mieux qu'elle a pu
und das Monster fragte sie, ob sie freiwillig mitkäme
et le monstre lui a demandé si elle était venue volontairement
"ja, ich bin freiwillig gekommen", sagte sie zitternd
"Oui, je suis venue volontiers", dit-elle en tremblant
Das Tier antwortete: „Du bist sehr gut"
la bête répondit : « Tu es très bon »
„und ich bin Ihnen zu großem Dank verpflichtet, ehrlicher Mann"

"et je vous suis très reconnaissant, honnête homme"
„Geht morgen früh eure Wege"
« Allez-y demain matin »
„aber denk nie daran, wieder hierher zu kommen"
"mais ne pense plus jamais à revenir ici"
„Lebe wohl, Schönheit, lebe wohl, Biest", antwortete er
« Adieu beauté, adieu bête », répondit-il
und sofort zog sich das Monster zurück
et immédiatement le monstre s'est retiré
"Oh, Tochter", sagte der Kaufmann
« Oh, ma fille », dit le marchand
und er umarmte seine Tochter noch einmal
et il embrassa sa fille une fois de plus
„Ich habe fast Todesangst"
« Je suis presque mort de peur »
„glauben Sie mir, Sie sollten lieber zurückgehen"
"crois-moi, tu ferais mieux de rentrer"
„Lass mich hier bleiben, statt dir"
"Laisse-moi rester ici, à ta place"
„Nein, Vater", sagte die Schönheit entschlossen
« Non, père », dit la belle d'un ton résolu.
„Du sollst morgen früh aufbrechen"
"tu partiras demain matin"
„überlasse mich der Obhut und dem Schutz der Vorsehung"
« Laissez-moi aux soins et à la protection de la Providence »
trotzdem gingen sie zu Bett
néanmoins ils sont allés se coucher
Sie dachten, sie würden die ganze Nacht kein Auge zutun
ils pensaient qu'ils ne fermeraient pas les yeux de la nuit
aber als sie sich hinlegten, schliefen sie ein
mais juste au moment où ils se couchaient, ils s'endormirent
Die Schönheit träumte, eine schöne Dame kam und sagte zu ihr:
La belle rêva qu'une belle dame venait et lui disait :
„Ich bin zufrieden, Schönheit, mit deinem guten Willen"
« Je suis content, beauté, de ta bonne volonté »

„Diese gute Tat von Ihnen wird nicht unbelohnt bleiben"
« Cette bonne action de votre part ne restera pas sans récompense »

Die Schöne erwachte und erzählte ihrem Vater ihren Traum
la belle s'est réveillée et a raconté son rêve à son père

der Traum tröstete ihn ein wenig
le rêve l'a aidé à se réconforter un peu

aber er konnte nicht anders, als bitterlich zu weinen, als er ging
mais il ne pouvait s'empêcher de pleurer amèrement en partant

Sobald er weg war, setzte sich Schönheit in die große Halle und weinte ebenfalls
Dès qu'il fut parti, la belle s'assit dans la grande salle et pleura aussi

aber sie beschloss, sich keine Sorgen zu machen
mais elle résolut de ne pas s'inquiéter

Sie beschloss, in der kurzen Zeit, die ihr noch zu leben blieb, stark zu sein
elle a décidé d'être forte pour le peu de temps qui lui restait à vivre

weil sie fest davon überzeugt war, dass das Biest sie fressen würde
parce qu'elle croyait fermement que la bête la mangerait

Sie dachte jedoch, sie könnte genauso gut den Palast erkunden
Cependant, elle pensait qu'elle pourrait aussi bien explorer le palais

und sie wollte das schöne Schloss besichtigen
et elle voulait voir le beau château

ein Schloss, das sie bewundern musste
un château qu'elle ne pouvait s'empêcher d'admirer

Es war ein wunderbar angenehmer Palast
c'était un palais délicieusement agréable

und sie war äußerst überrascht, als sie eine Tür sah
et elle fut extrêmement surprise de voir une porte

und über der Tür stand, dass es ihr Zimmer sei
et sur la porte il était écrit que c'était sa chambre
sie öffnete hastig die Tür
elle a ouvert la porte à la hâte
und sie war ganz geblendet von der Pracht des Raumes
et elle était tout à fait éblouie par la magnificence de la pièce
was ihre Aufmerksamkeit vor allem auf sich zog, war eine große Bibliothek
ce qui a principalement retenu son attention était une grande bibliothèque
ein Cembalo und mehrere Notenbücher
un clavecin et plusieurs livres de musique
„Nun", sagte sie zu sich selbst
« Eh bien, » se dit-elle
„Ich sehe, das Biest wird meine Zeit nicht verstreichen lassen"
« Je vois que la bête ne laissera pas mon temps peser sur moi »
dann dachte sie über ihre Situation nach
puis elle réfléchit à sa situation
„Wenn ich einen Tag bleiben sollte, wäre das alles nicht hier"
« Si je devais rester un jour, tout cela ne serait pas là »
diese Überlegung gab ihr neuen Mut
cette considération lui inspira un courage nouveau
und sie nahm ein Buch aus ihrer neuen Bibliothek
et elle a pris un livre de sa nouvelle bibliothèque
und sie las diese Worte in goldenen Buchstaben:
et elle lut ces mots en lettres d'or :
„Begrüße Schönheit, vertreibe die Angst"
« Accueillez la beauté, bannissez la peur »
„Du bist hier Königin und Herrin"
« Vous êtes reine et maîtresse ici »
„Sprich deine Wünsche aus, sprich deinen Willen aus"
« Exprimez vos souhaits, exprimez votre volonté »
„Schneller Gehorsam begegnet hier Ihren Wünschen"
« L'obéissance rapide répond ici à vos souhaits »

"Ach", sagte sie mit einem Seufzer
« Hélas, dit-elle avec un soupir
„Am meisten wünsche ich mir, meinen armen Vater zu sehen"
« Ce que je souhaite par-dessus tout, c'est revoir mon pauvre père. »
„und ich würde gerne wissen, was er tut"
"et j'aimerais savoir ce qu'il fait"
Kaum hatte sie das gesagt, bemerkte sie den Spiegel
Dès qu'elle eut dit cela, elle remarqua le miroir
zu ihrem großen Erstaunen sah sie ihr eigenes Zuhause im Spiegel
à sa grande surprise, elle vit sa propre maison dans le miroir
Ihr Vater kam emotional erschöpft an
son père est arrivé émotionnellement épuisé
Ihre Schwestern gingen ihm entgegen
ses sœurs sont allées à sa rencontre
trotz ihrer Versuche, traurig zu wirken, war ihre Freude sichtbar
malgré leurs tentatives de paraître tristes, leur joie était visible
einen Moment später war alles verschwunden
un instant plus tard, tout a disparu
und auch die Befürchtungen der Schönheit verschwanden
et les appréhensions de la beauté ont également disparu
denn sie wusste, dass sie dem Tier vertrauen konnte
car elle savait qu'elle pouvait faire confiance à la bête
Mittags fand sie das Abendessen fertig
À midi, elle trouva le dîner prêt
sie setzte sich an den Tisch
elle s'est assise à la table
und sie wurde mit einem Musikkonzert unterhalten
et elle a été divertie avec un concert de musique
obwohl sie niemanden sehen konnte
même si elle ne pouvait voir personne
abends setzte sie sich wieder zum Abendessen
le soir, elle s'est à nouveau assise pour dîner

diesmal hörte sie das Geräusch, das das Tier machte
cette fois elle entendit le bruit que faisait la bête
und sie konnte nicht anders, als Angst zu haben
et elle ne pouvait s'empêcher d'être terrifiée
"Schönheit", sagte das Monster
"Beauté", dit le monstre
"erlaubst du mir, mit dir zu essen?"
"est-ce que tu me permets de manger avec toi ?"
"Mach, was du willst", antwortete die Schönheit zitternd
« Fais comme tu veux », répondit la belle en tremblant
„Nein", antwortete das Tier
"Non", répondit la bête
„Du allein bist hier die Herrin"
"tu es seule la maîtresse ici"
„Sie können mich wegschicken, wenn ich Ärger mache"
"tu peux me renvoyer si je suis gênant"
„schick mich fort, und ich werde mich sofort zurückziehen"
« renvoyez-moi et je me retirerai immédiatement »
„Aber sagen Sie mir: Finden Sie mich nicht sehr hässlich?"
« Mais dis-moi, ne me trouves-tu pas très laide ? »
„Das stimmt", sagte die Schönheit
"C'est vrai", dit la belle
„Ich kann nicht lügen"
« Je ne peux pas mentir »
„aber ich glaube, Sie sind sehr gutmütig"
"mais je crois que tu es de très bonne nature"
„Das bin ich tatsächlich", sagte das Monster
« Je le suis en effet », dit le monstre
„Aber abgesehen von meiner Hässlichkeit habe ich auch keinen Verstand"
« Mais à part ma laideur, je n'ai pas non plus de bon sens »
„Ich weiß sehr wohl, dass ich ein dummes Wesen bin"
« Je sais très bien que je suis une créature stupide »
„Es ist kein Zeichen von Torheit, so zu denken", antwortete die Schönheit
« Ce n'est pas un signe de folie de penser ainsi », répondit la

belle.

„Dann iss, Schönheit", sagte das Monster
« Mange donc, belle », dit le monstre

„Versuchen Sie, sich in Ihrem Palast zu amüsieren"
« essaie de t'amuser dans ton palais »

"alles hier gehört dir"
"tout ici est à toi"

„Und ich wäre sehr unruhig, wenn Sie nicht glücklich wären"
"et je serais très mal à l'aise si tu n'étais pas heureux"

„Sie sind sehr zuvorkommend", antwortete die Schönheit
« Vous êtes très obligeant », répondit la belle

„Ich gebe zu, ich freue mich über Ihre Freundlichkeit"
« J'avoue que je suis heureux de votre gentillesse »

„Und wenn ich über deine Freundlichkeit nachdenke, fallen mir deine Missbildungen kaum auf"
« et quand je considère votre gentillesse, je remarque à peine vos difformités »

„Ja, ja", sagte das Tier, „mein Herz ist gut
« Oui, oui, dit la bête, mon cœur est bon.

„Aber obwohl ich gut bin, bin ich immer noch ein Monster"
"mais même si je suis bon, je suis toujours un monstre"

„Es gibt viele Männer, die diesen Namen mehr verdienen als Sie."
« Il y a beaucoup d'hommes qui méritent ce nom plus que toi »

„und ich bevorzuge dich, so wie du bist"
"et je te préfère tel que tu es"

„und ich ziehe dich denen vor, die ein undankbares Herz verbergen"
"et je te préfère à ceux qui cachent un cœur ingrat"

"Wenn ich nur etwas Verstand hätte", antwortete das Biest
"Si seulement j'avais un peu de bon sens", répondit la bête

„Wenn ich vernünftig wäre, würde ich Ihnen als Dank ein schönes Kompliment machen"
"Si j'avais du bon sens, je vous ferais un beau compliment pour vous remercier"

"aber ich bin so langweilig"
"mais je suis si ennuyeux"
„Ich kann nur sagen, dass ich Ihnen zu großem Dank verpflichtet bin"
« Je peux seulement dire que je vous suis très reconnaissant »
Schönheit aß ein herzhaftes Abendessen
la belle a mangé un copieux souper
und sie hatte ihre Angst vor dem Monster fast überwunden
et elle avait presque vaincu sa peur du monstre
aber sie wollte ohnmächtig werden, als das Biest ihr die nächste Frage stellte
mais elle a voulu s'évanouir lorsque la bête lui a posé la question suivante
"Schönheit, willst du meine Frau werden?"
"Belle, veux-tu être ma femme ?"
es dauerte eine Weile, bis sie antworten konnte
elle a mis du temps avant de pouvoir répondre
weil sie Angst hatte, ihn wütend zu machen
parce qu'elle avait peur de le mettre en colère
Schließlich sagte sie jedoch "nein, Biest"
Mais finalement elle dit "non, bête"
sofort zischte das arme Monster ganz fürchterlich
immédiatement le pauvre monstre siffla très effroyablement
und der ganze Palast hallte
et tout le palais résonna
aber die Schönheit erholte sich bald von ihrem Schrecken
mais la belle se remit bientôt de sa frayeur
denn das Tier sprach wieder mit trauriger Stimme
parce que la bête parla encore d'une voix lugubre
„Dann leb wohl, Schönheit"
"Alors adieu, beauté"
und er drehte sich nur ab und zu um
et il ne se retournait que de temps en temps
um sie anzusehen, als er hinausging
de la regarder alors qu'il sortait
jetzt war die Schönheit wieder allein

maintenant la beauté était à nouveau seule
Sie empfand großes Mitgefühl
elle ressentait beaucoup de compassion
„Ach, es ist tausendmal schade"
"Hélas, c'est mille fois dommage"
„Etwas, das so gutmütig ist, sollte nicht so hässlich sein"
"tout ce qui est si bon ne devrait pas être si laid"
Schönheit verbrachte drei Monate sehr zufrieden im Palast
la belle a passé trois mois très heureuse dans le palais
jeden Abend stattete ihr das Biest einen Besuch ab
chaque soir la bête lui rendait visite
und sie redeten beim Abendessen
et ils ont parlé pendant le dîner
Sie sprachen mit gesundem Menschenverstand
ils ont parlé avec bon sens
aber sie sprachen nicht mit dem, was man als geistreich bezeichnet
mais ils ne parlaient pas avec ce que les gens appellent de l'esprit
Schönheit entdeckte immer einen wertvollen Charakter im Biest
la beauté a toujours découvert un caractère précieux dans la bête
und sie hatte sich an seine Missbildung gewöhnt
et elle s'était habituée à sa difformité
sie fürchtete sich nicht mehr vor seinem Besuch
elle ne redoutait plus le moment de sa visite
jetzt schaute sie oft auf die Uhr
maintenant elle regardait souvent sa montre
und sie konnte es kaum erwarten, bis es neun Uhr war
et elle ne pouvait pas attendre qu'il soit neuf heures
denn das Tier kam immer zu dieser Stunde
car la bête ne manquait jamais de venir à cette heure-là
Es gab nur eine Sache, die Schönheit betraf
il n'y avait qu'une seule chose qui concernait la beauté
jeden Abend, bevor sie ins Bett ging, stellte ihr das Biest die

gleiche Frage
chaque soir avant d'aller au lit, la bête lui posait la même question
Das Monster fragte sie, ob sie seine Frau werden wolle
le monstre lui a demandé si elle voulait être sa femme
Eines Tages sagte sie zu ihm: „Biest, du machst mir große Sorgen."
un jour elle lui dit : "bête, tu me mets très mal à l'aise"
„Ich wünschte, ich könnte einwilligen, dich zu heiraten"
« J'aimerais pouvoir consentir à t'épouser »
„Aber ich bin zu aufrichtig, um dir zu glauben zu machen, dass ich dich heiraten würde"
"mais je suis trop sincère pour te faire croire que je t'épouserais"
„Unsere Ehe wird nie stattfinden"
"Notre mariage n'aura jamais lieu"
„Ich werde dich immer als Freund sehen"
« Je te verrai toujours comme un ami »
„Bitte versuchen Sie, damit zufrieden zu sein"
"S'il vous plaît, essayez d'être satisfait de cela"
„Damit muss ich zufrieden sein", sagte das Tier
« Je dois me contenter de cela », dit la bête
„Ich kenne mein eigenes Unglück"
« Je connais mon propre malheur »
„aber ich liebe dich mit der zärtlichsten Zuneigung"
"mais je t'aime avec la plus tendre affection"
„Ich sollte mich jedoch als glücklich betrachten"
« Cependant, je devrais me considérer comme heureux »
"und ich würde mich freuen, wenn du hier bleibst"
"et je serais heureux que tu restes ici"
„versprich mir, mich nie zu verlassen"
"promets-moi de ne jamais me quitter"
Schönheit errötete bei diesen Worten
la beauté rougit à ces mots
Eines Tages schaute die Schönheit in ihren Spiegel
Un jour, la belle se regardait dans son miroir

ihr Vater hatte sich schreckliche Sorgen um sie gemacht
son père s'était inquiété à mort pour elle
sie sehnte sich mehr denn je danach, ihn wiederzusehen
elle avait plus que jamais envie de le revoir
„Ich könnte versprechen, dich nie ganz zu verlassen"
« Je pourrais te promettre de ne jamais te quitter complètement »
„aber ich habe so ein großes Verlangen, meinen Vater zu sehen"
"mais j'ai tellement envie de voir mon père"
„Ich wäre unendlich verärgert, wenn Sie nein sagen würden"
« Je serais terriblement contrarié si tu disais non »
"Ich würde lieber selbst sterben", sagte das Monster
« Je préfère mourir moi-même », dit le monstre
„Ich würde lieber sterben, als dir Unbehagen zu bereiten"
« Je préférerais mourir plutôt que de te mettre mal à l'aise »
„Ich werde dich zu deinem Vater schicken"
« Je t'enverrai vers ton père »
„Du sollst bei ihm bleiben"
"tu resteras avec lui"
"und dieses unglückliche Tier wird stattdessen vor Kummer sterben"
"et cette malheureuse bête mourra de chagrin à la place"
"Nein", sagte die Schönheit weinend
« Non », dit la belle en pleurant
„Ich liebe dich zu sehr, um die Ursache deines Todes zu sein"
"Je t'aime trop pour être la cause de ta mort"
„Ich verspreche Ihnen, in einer Woche wiederzukommen"
"Je te promets de revenir dans une semaine"
„Du hast mir gezeigt, dass meine Schwestern verheiratet sind"
« Tu m'as montré que mes sœurs sont mariées »
„und meine Brüder sind zur Armee gegangen"
« et mes frères sont partis à l'armée »

"Lass mich eine Woche bei meinem Vater bleiben, da er allein ist"
« laisse-moi rester une semaine avec mon père, car il est seul »
"Morgen früh wirst du dort sein", sagte das Tier
« Tu seras là demain matin », dit la bête
„Aber denk an dein Versprechen"
"mais souviens-toi de ta promesse"
„Sie brauchen Ihren Ring nur auf den Tisch zu legen, bevor Sie zu Bett gehen."
« Il vous suffit de poser votre bague sur une table avant d'aller vous coucher »
"Und dann werdet ihr vor dem Morgen zurückgebracht"
"et alors tu seras ramené avant le matin"
„Lebe wohl, liebe Schönheit", seufzte das Tier
« Adieu chère beauté », soupira la bête
Die Schönheit ging an diesem Abend sehr traurig ins Bett
la belle s'est couchée très triste cette nuit-là
weil sie das Tier nicht so besorgt sehen wollte
parce qu'elle ne voulait pas voir la bête si inquiète
am nächsten Morgen fand sie sich im Haus ihres Vaters wieder
le lendemain matin, elle se retrouva chez son père
sie läutete eine kleine Glocke neben ihrem Bett
elle a sonné une petite cloche à côté de son lit
und das Dienstmädchen stieß einen lauten Schrei aus
et la servante poussa un grand cri
und ihr Vater rannte nach oben
et son père a couru à l'étage
er dachte, er würde vor Freude sterben
il pensait qu'il allait mourir de joie
er hielt sie eine Viertelstunde lang in seinen Armen
il l'a tenue dans ses bras pendant un quart d'heure
irgendwann waren die ersten Grüße vorbei
Finalement, les premières salutations étaient terminées
Schönheit begann daran zu denken, aus dem Bett zu steigen
la beauté a commencé à penser à sortir du lit

aber sie merkte, dass sie keine Kleidung mitgebracht hatte
mais elle s'est rendu compte qu'elle n'avait apporté aucun vêtement
aber das Dienstmädchen sagte ihr, sie habe eine Kiste gefunden
mais la servante lui a dit qu'elle avait trouvé une boîte
der große Koffer war voller Kleider und Kleider
le grand coffre était plein de robes et de robes
jedes Kleid war mit Gold und Diamanten bedeckt
chaque robe était couverte d'or et de diamants
Schönheit dankte dem Tier für seine freundliche Pflege
La Belle a remercié la Bête pour ses bons soins
und sie nahm eines der schlichtesten Kleider
et elle a pris l'une des robes les plus simples
Die anderen Kleider wollte sie ihren Schwestern schenken
elle avait l'intention de donner les autres robes à ses sœurs
aber bei diesem Gedanken verschwand die Kleidertruhe
mais à cette pensée le coffre de vêtements disparut
Das Biest hatte darauf bestanden, dass die Kleidung nur für sie sei
la bête avait insisté sur le fait que les vêtements étaient pour elle seulement
ihr Vater sagte ihr, dass dies der Fall sei
son père lui a dit que c'était le cas
und sofort kam die Kleidertruhe wieder zurück
et aussitôt le coffre de vêtements est revenu
Schönheit kleidete sich mit ihren neuen Kleidern
la belle s'est habillée avec ses nouveaux vêtements
und in der Zwischenzeit gingen die Mägde los, um ihre Schwestern zu finden
et pendant ce temps les servantes allèrent chercher ses sœurs
Ihre beiden Schwestern waren mit ihren Ehemännern
ses deux sœurs étaient avec leurs maris
aber ihre beiden Schwestern waren sehr unglücklich
mais ses deux sœurs étaient très malheureuses
Ihre älteste Schwester hatte einen sehr gutaussehenden

Herrn geheiratet
sa sœur aînée avait épousé un très beau gentleman
aber er war so selbstgefällig, dass er seine Frau vernachlässigte
mais il était tellement amoureux de lui-même qu'il négligeait sa femme
Ihre zweite Schwester hatte einen geistreichen Mann geheiratet
sa deuxième sœur avait épousé un homme spirituel
aber er nutzte seinen Witz, um die Leute zu quälen
mais il a utilisé son esprit pour tourmenter les gens
und am meisten quälte er seine Frau
et il tourmentait surtout sa femme
Die Schwestern der Schönheit sahen sie wie eine Prinzessin gekleidet
Les sœurs de la belle l'ont vue habillée comme une princesse
und sie waren krank vor Neid
et ils furent écœurés d'envie
jetzt war sie schöner als je zuvor
maintenant elle était plus belle que jamais
ihr liebevolles Verhalten konnte ihre Eifersucht nicht unterdrücken
son comportement affectueux n'a pas pu étouffer leur jalousie
Sie erzählte ihnen, wie glücklich sie mit dem Tier war
elle leur a dit combien elle était heureuse avec la bête
und ihre Eifersucht war kurz vor dem Platzen
et leur jalousie était prête à éclater
Sie gingen in den Garten, um über ihr Unglück zu weinen
Ils descendirent dans le jardin pour pleurer leur malheur
„Inwiefern ist dieses kleine Geschöpf besser als wir?"
« En quoi cette petite créature est-elle meilleure que nous ? »
„Warum sollte sie so viel glücklicher sein?"
« Pourquoi devrait-elle être tellement plus heureuse ? »
„Schwester", sagte die ältere Schwester
« Sœur », dit la sœur aînée
„Mir ist gerade ein Gedanke gekommen"

"une pensée vient de me traverser l'esprit"
„Versuchen wir, sie länger als eine Woche hier zu behalten"
« Essayons de la garder ici plus d'une semaine »
„Vielleicht macht das das dumme Monster wütend"
"Peut-être que cela fera enrager ce monstre idiot"
„weil sie ihr Wort gebrochen hätte"
« parce qu'elle aurait manqué à sa parole »
"und dann könnte er sie verschlingen"
"et alors il pourrait la dévorer"
"Das ist eine tolle Idee", antwortete die andere Schwester
"C'est une excellente idée", répondit l'autre sœur
„Wir müssen ihr so viel Freundlichkeit wie möglich entgegenbringen"
« Nous devons lui montrer autant de gentillesse que possible »
Die Schwestern fassten den Entschluss
les sœurs en ont fait leur résolution
und sie verhielten sich sehr liebevoll gegenüber ihrer Schwester
et ils se sont comportés très affectueusement envers leur sœur
Die arme Schönheit weinte vor Freude über all ihre Freundlichkeit
la pauvre beauté pleurait de joie à cause de toute leur gentillesse
Als die Woche um war, weinten sie und rauften sich die Haare
quand la semaine fut expirée, ils pleurèrent et s'arrachèrent les cheveux
es schien ihnen so leid zu tun, sich von ihr zu trennen
ils semblaient si désolés de se séparer d'elle
und die Schönheit versprach, noch eine Woche länger zu bleiben
et la beauté a promis de rester une semaine de plus
In der Zwischenzeit konnte die Schönheit nicht umhin, über sich selbst nachzudenken
Pendant ce temps, la beauté ne pouvait s'empêcher de réfléchir sur elle-même

sie machte sich Sorgen darüber, was sie dem armen Tier antat
elle s'inquiétait de ce qu'elle faisait à la pauvre bête
Sie wusste, dass sie ihn aufrichtig liebte
elle sait qu'elle l'aimait sincèrement
und sie sehnte sich wirklich danach, ihn wiederzusehen
et elle avait vraiment envie de le revoir
Auch die zehnte Nacht verbrachte sie bei ihrem Vater
la dixième nuit qu'elle a passée chez son père aussi
sie träumte, sie sei im Schlossgarten
elle a rêvé qu'elle était dans le jardin du palais
und sie träumte, sie sähe das Tier ausgestreckt im Gras liegen
et elle rêva qu'elle voyait la bête étendue sur l'herbe
er schien ihr mit sterbender Stimme Vorwürfe zu machen
il semblait lui faire des reproches d'une voix mourante
und er warf ihr Undankbarkeit vor
et il l'accusa d'ingratitude
Schönheit erwachte aus ihrem Schlaf
la beauté s'est réveillée de son sommeil
und sie brach in Tränen aus
et elle a fondu en larmes
„Bin ich nicht sehr böse?"
« Ne suis-je pas très méchant ? »
„War es nicht grausam von mir, so unfreundlich gegenüber dem Tier zu sein?"
« N'était-ce pas cruel de ma part d'agir si méchamment envers la bête ? »
„Das Biest hat alles getan, um mir zu gefallen"
"la bête a tout fait pour me faire plaisir"
"Ist es seine Schuld, dass er so hässlich ist?"
« Est-ce sa faute s'il est si laid ? »
„Ist es seine Schuld, dass er so wenig Verstand hat?"
« Est-ce sa faute s'il a si peu d'esprit ? »
„Er ist freundlich und gut, und das genügt"
« Il est gentil et bon, et cela suffit »

„Warum habe ich mich geweigert, ihn zu heiraten?"
« Pourquoi ai-je refusé de l'épouser ? »
„Ich sollte mit dem Monster glücklich sein"
« Je devrais être heureux avec le monstre »
„Schau dir die Männer meiner Schwestern an"
« regarde les maris de mes sœurs »
„Weder Witz noch Schönheit machen sie gut"
« Ni l'esprit, ni la beauté ne les rendent bons »
„Keiner ihrer Ehemänner macht sie glücklich"
« aucun de leurs maris ne les rend heureuses »
„sondern Tugend, Sanftmut und Geduld"
« mais la vertu, la douceur de caractère et la patience »
„Diese Dinge machen eine Frau glücklich"
"ces choses rendent une femme heureuse"
„und das Tier hat all diese wertvollen Eigenschaften"
"et la bête a toutes ces qualités précieuses"
„es ist wahr, ich empfinde keine Zärtlichkeit und Zuneigung für ihn"
"c'est vrai, je ne ressens pas de tendresse et d'affection pour lui"
„aber ich empfinde für ihn die allergrößte Dankbarkeit"
"mais je trouve que j'éprouve la plus grande gratitude envers lui"
„und ich habe die höchste Wertschätzung für ihn"
"et j'ai la plus haute estime pour lui"
"und er ist mein bester Freund"
"et il est mon meilleur ami"
„Ich werde ihn nicht unglücklich machen"
« Je ne le rendrai pas malheureux »
„Wenn ich so undankbar wäre, würde ich mir das nie verzeihen"
« Si j'étais si ingrat, je ne me le pardonnerais jamais »
Schönheit legte ihren Ring auf den Tisch
la belle a posé sa bague sur la table
und sie ging wieder zu Bett
et elle est retournée au lit

kaum war sie im Bett, da schlief sie ein
à peine était-elle au lit qu'elle s'endormit
Sie wachte am nächsten Morgen wieder auf
elle s'est réveillée à nouveau le lendemain matin
und sie war überglücklich, sich im Palast des Tieres wiederzufinden
et elle était ravie de se retrouver dans le palais de la bête
Sie zog eines ihrer schönsten Kleider an, um ihm zu gefallen
elle a mis une de ses plus belles robes pour lui faire plaisir
und sie wartete geduldig auf den Abend
et elle attendait patiemment le soir
kam die ersehnte Stunde
enfin l' heure tant souhaitée est arrivée
die Uhr schlug neun, doch kein Tier erschien
L'horloge a sonné neuf heures, mais aucune bête n'est apparue
Schönheit befürchtete dann, sie sei die Ursache seines Todes gewesen
La belle craignit alors d'avoir été la cause de sa mort
Sie rannte weinend durch den ganzen Palast
elle a couru en pleurant dans tout le palais
nachdem sie ihn überall gesucht hatte, erinnerte sie sich an ihren Traum
après l'avoir cherché partout, elle se souvint de son rêve
und sie rannte zum Kanal im Garten
et elle a couru vers le canal dans le jardin
Dort fand sie das arme Tier ausgestreckt
là elle a trouvé la pauvre bête étendue
und sie war sicher, dass sie ihn getötet hatte
et elle était sûre de l'avoir tué
sie warf sich ohne Furcht auf ihn
elle se jeta sur lui sans aucune crainte
sein Herz schlug noch
son cœur battait encore
sie holte etwas Wasser aus dem Kanal
elle est allée chercher de l'eau au canal
und sie goss das Wasser über seinen Kopf

et elle versa l'eau sur sa tête
Das Tier öffnete seine Augen und sprach mit der Schönheit
la bête ouvrit les yeux et parla à la belle
„Du hast dein Versprechen vergessen"
« Tu as oublié ta promesse »
„Es hat mir das Herz gebrochen, dich verloren zu haben"
« J'étais tellement navrée de t'avoir perdu »
„Ich beschloss, zu hungern"
« J'ai décidé de me laisser mourir de faim »
„aber ich habe das Glück, Sie wiederzusehen"
"mais j'ai le bonheur de te revoir une fois de plus"
„so habe ich das Vergnügen, zufrieden zu sterben"
"j'ai donc le plaisir de mourir satisfait"
„Nein, liebes Tier", sagte die Schönheit, „du darfst nicht sterben"
« Non, chère bête », dit la belle, « tu ne dois pas mourir »
„Lebe, um mein Ehemann zu sein"
« Vis pour être mon mari »
„Von diesem Augenblick an reiche ich dir meine Hand"
"à partir de maintenant je te donne ma main"
„und ich schwöre, niemand anderes als Dein zu sein"
"et je jure de n'être que le tien"
„Ach! Ich dachte, ich hätte nur Freundschaft für dich."
« Hélas ! Je pensais n'avoir que de l'amitié pour toi »
"aber der Kummer, den ich jetzt fühle, überzeugt mich;"
« mais la douleur que je ressens maintenant m'en convainc » ;
„Ich kann nicht ohne dich leben"
"Je ne peux pas vivre sans toi"
Schönheit hatte diese Worte kaum gesagt, als sie ein Licht sah
La beauté avait à peine prononcé ces mots lorsqu'elle vit une lumière
der Palast funkelte im Licht
le palais scintillait de lumière
Feuerwerk erleuchtete den Himmel
des feux d'artifice ont illuminé le ciel

und die Luft erfüllt mit Musik
et l'air rempli de musique
alles kündigte ein großes Ereignis an
tout annonçait un grand événement
aber nichts konnte ihre Aufmerksamkeit fesseln
mais rien ne pouvait retenir son attention
sie wandte sich ihrem lieben Tier zu
elle s'est tournée vers sa chère bête
das Tier, vor dem sie vor Angst zitterte
la bête pour laquelle elle tremblait de peur
aber ihre Überraschung über das, was sie sah, war groß!
mais sa surprise fut grande face à ce qu'elle vit !
das Tier war verschwunden
la bête avait disparu
stattdessen sah sie den schönsten Prinzen
Au lieu de cela, elle a vu le plus beau prince
sie hatte den Zauber beendet
elle avait mis fin au sort
ein Zauber, unter dem er einem Tier ähnelte
un sort sous lequel il ressemblait à une bête
dieser Prinz war all ihre Aufmerksamkeit wert
ce prince était digne de toute son attention
aber sie konnte nicht anders und musste fragen, wo das Biest war
mais elle ne pouvait s'empêcher de demander où était la bête
„Du siehst ihn zu deinen Füßen", sagte der Prinz
« Vous le voyez à vos pieds », dit le prince
„Eine böse Fee hatte mich verdammt"
« Une méchante fée m'avait condamné »
„Ich sollte diese Gestalt behalten, bis eine wunderschöne Prinzessin einwilligte, mich zu heiraten."
« Je devais rester dans cette forme jusqu'à ce qu'une belle princesse accepte de m'épouser »
„Die Fee hat mein Verständnis verborgen"
"la fée a caché ma compréhension"
„Du warst der Einzige, der großzügig genug war, um von

meiner guten Laune bezaubert zu sein."
« tu étais le seul assez généreux pour être charmé par la bonté de mon caractère »
Schönheit war angenehm überrascht
la beauté était agréablement surprise
und sie gab dem bezaubernden Prinzen ihre Hand
et elle donna sa main au charmant prince
Sie gingen zusammen ins Schloss
ils sont allés ensemble au château
und die Schöne war überglücklich, ihren Vater im Schloss zu finden
et la belle fut ravie de retrouver son père au château
und ihre ganze Familie war auch da
et toute sa famille était là aussi
sogar die schöne Dame, die in ihrem Traum erschienen war, war da
même la belle dame qui lui était apparue dans son rêve était là
"Schönheit", sagte die Dame aus dem Traum
"Beauté", dit la dame du rêve
„Komm und empfange deine Belohnung"
« viens et reçois ta récompense »
„Sie haben die Tugend dem Witz oder dem Aussehen vorgezogen"
« Vous avez préféré la vertu à l'esprit ou à l'apparence »
„und Sie verdienen jemanden, in dem diese Eigenschaften vereint sind"
"et tu mérites quelqu'un chez qui ces qualités sont réunies"
„Du wirst eine großartige Königin sein"
"tu vas être une grande reine"
„Ich hoffe, der Thron wird deine Tugend nicht schmälern"
« J'espère que le trône ne diminuera pas votre vertu »
Dann wandte sich die Fee an die beiden Schwestern
puis la fée se tourna vers les deux sœurs
„Ich habe in eure Herzen geblickt"
« J'ai vu à l'intérieur de vos cœurs »
„und ich kenne die ganze Bosheit, die in euren Herzen

steckt"
"et je connais toute la méchanceté que contiennent vos cœurs"
„Ihr beide werdet zu Statuen"
« Vous deux deviendrez des statues »
„Aber ihr werdet euren Verstand bewahren"
"mais vous garderez votre esprit"
„Du sollst vor den Toren des Palastes deiner Schwester stehen"
« Tu te tiendras aux portes du palais de ta sœur »
„Das Glück deiner Schwester soll deine Strafe sein"
"Le bonheur de ta sœur sera ta punition"
„Sie werden nicht in Ihren früheren Zustand zurückkehren können"
« vous ne pourrez pas revenir à vos anciens états »
„es sei denn, Sie beide geben Ihre Fehler zu"
« à moins que vous n'admettiez tous les deux vos fautes »
„Aber ich sehe voraus, dass ihr immer Statuen bleiben werdet"
"mais je prévois que vous resterez toujours des statues"
„Stolz, Zorn, Völlerei und Faulheit werden manchmal besiegt"
« L'orgueil, la colère, la gourmandise et l'oisiveté sont parfois vaincus »
„aber die Bekehrung neidischer und böswilliger Gemüter sind Wunder"
" mais la conversion des esprits envieux et malveillants sont des miracles "
sofort strich die Fee mit ihrem Zauberstab
immédiatement la fée donna un coup de baguette
und im nächsten Augenblick waren alle im Saal entrückt
et en un instant tous ceux qui étaient dans la salle furent transportés
Sie waren in die Herrschaftsgebiete des Fürsten eingedrungen
ils étaient entrés dans les domaines du prince
die Untertanen des Prinzen empfingen ihn mit Freude

les sujets du prince l'ont reçu avec joie
der Priester heiratete die Schöne und das Biest
le prêtre a épousé la belle et la bête
und er lebte viele Jahre mit ihr
et il a vécu avec elle de nombreuses années
und ihr Glück war vollkommen
et leur bonheur était complet
weil ihr Glück auf Tugend beruhte
parce que leur bonheur était fondé sur la vertu

Das Ende
La fin

www.tranzlaty.com